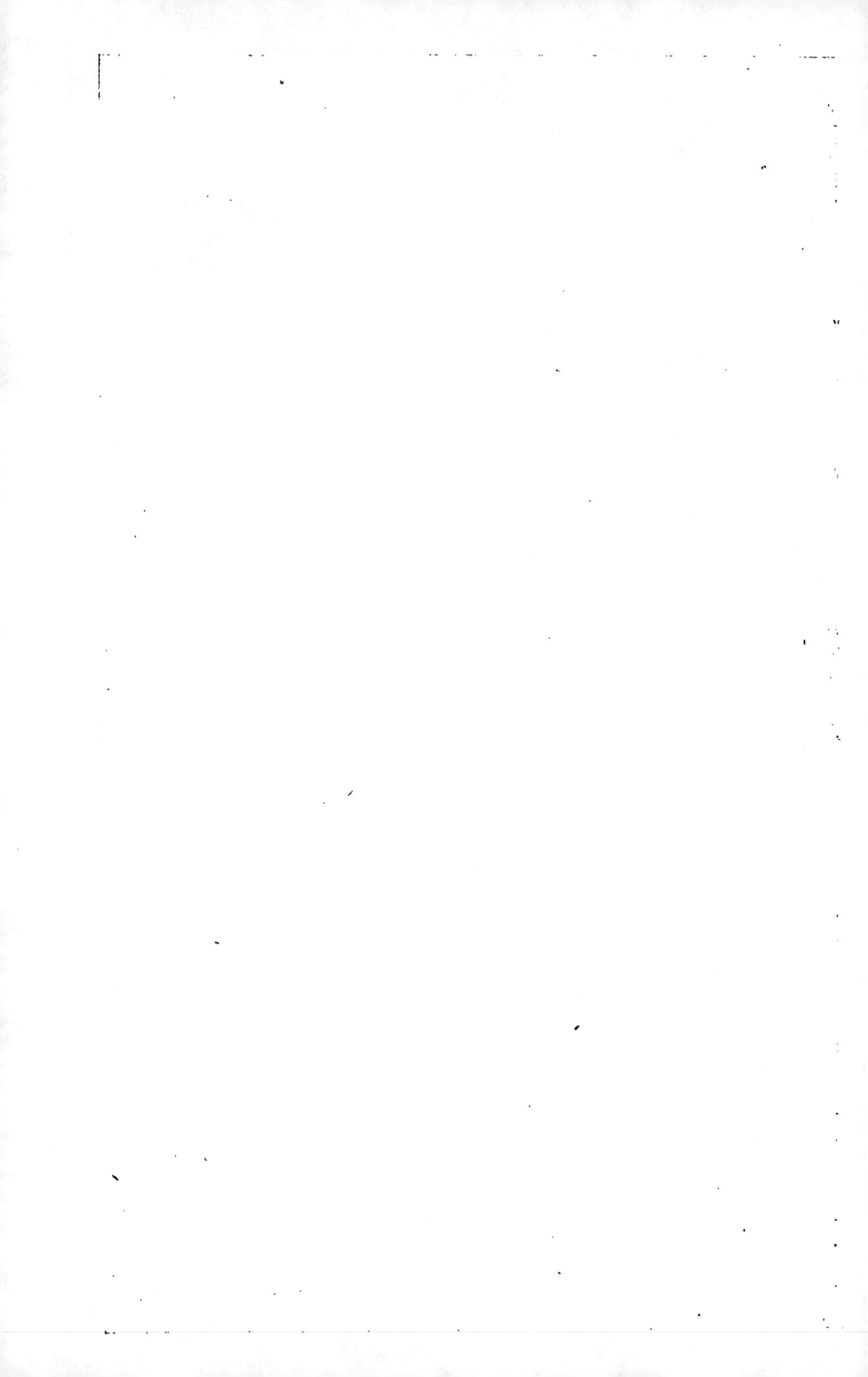

COMITÉ INTERNATIONAL

DE SECOURS AUX BLESSÉS MILITAIRES

DE SAINT-ÉTIENNE (LOIRE)

RAPPORT GÉNÉRAL

DU COMITÉ

RAPPORT

SUR L'AMBULANCE MOBILE

SAINT-ÉTIENNE

J.-M FREYDIER, IMPRIMEUR-LIBRAIRE

2, rue de la Bourse, 2

1871

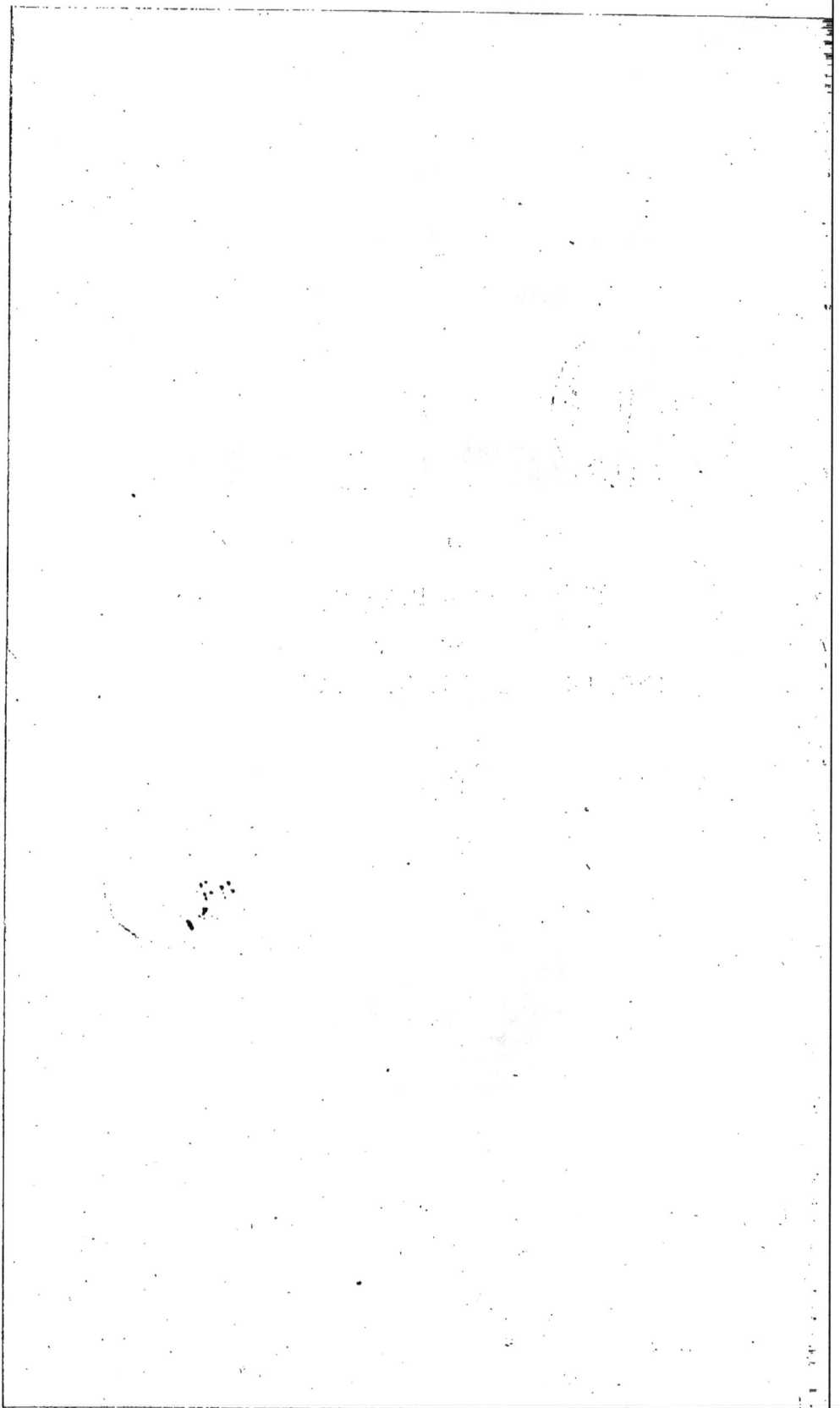

COMPTE RENDU
DES TRAVAUX

DU

COMITÉ INTERNATIONAL

DE

SECOURS AUX BLESSÉS MILITAIRES

DE

SAINT-ÉTIENNE

(LOIRE)

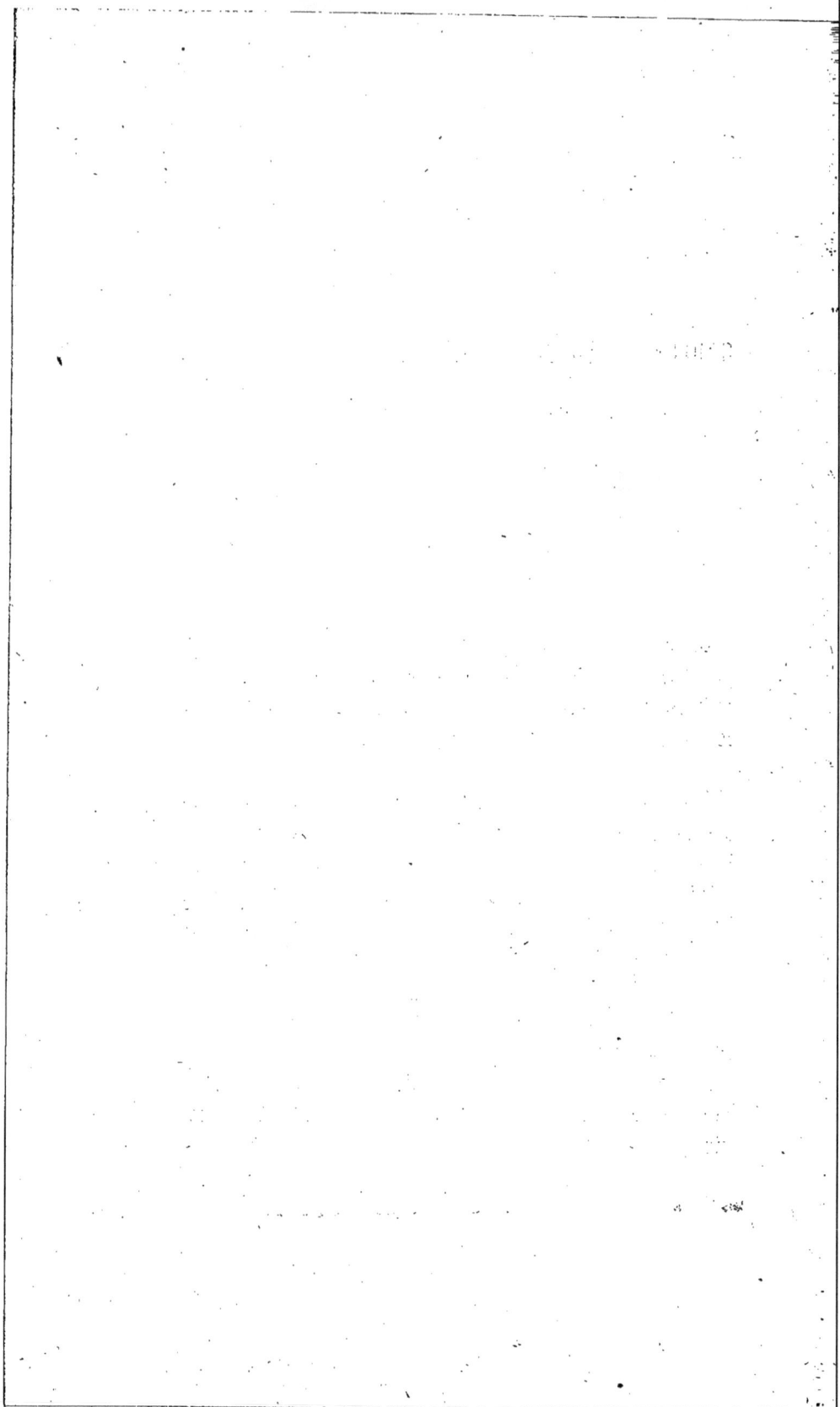

RAPPORT

DU

COMITÉ DE SECOURS AUX BLESSÉS MILITAIRES

DE

SAINT-ÉTIENNE

SÉANCE DU 10 AOUT 1871

Le comité de secours aux blessés a presque achevé
ses travaux. Il vient faire connaître à ses concitoyens
comment il a accompli sa tâche, et rendre compte à
ses souscripteurs de l'emploi de leurs fonds.

La fatale guerre de 1870 venait à peine d'être dé-
clarée, qu'une souscription patriotique s'ouvrait, dans
le *Mémorial de la Loire*, dans le but de soulager les
misères que la guerre entraîne fatalement après elle.
L'importance des souscriptions fit bientôt sentir la
nécessité de s'organiser pour en régler l'emploi.

Les principaux souscripteurs furent convoqués dans
les bureaux du journal.

Dans cette réunion, on décida la formation d'un
comité de neuf membres, et on procéda à leur élec-
tion.

Voici comment fut composé ce comité, qui s'intitula :

COMITÉ DE SECOURS AUX BLESSÉS

J. BARBE, fabricant de rubans,   *président ;*

A. BOUDIN, écrivain,   *secrétaire;*

A. RONDEL, directeur de la banque,   *trésorier ;*

GUITTON Nicolas, fabricant de rubans ;

A^le TÉZENAS DU MONTCEL, fabricant de rubans ;

Claudius DESJOYEAUX, marchand de soies ;

Léopold ROBICHON, fabricant de rubans ;

CHÉRI-ROUSSEAU, photographe ;

A. RIEMBAULT, docteur médecin.

Dans cette même réunion, on discuta les bases de la distribution des fonds. On décida que les deux tiers des sommes recueillies seraient, dans les premiers temps, réservés aux familles nécessiteuses.

N'étaient-elles pas les premières frappées par le départ des pères, des maris, des enfants appelés sous les drapeaux?

Mais, en prévoyant sagement que les combats une fois engagés, les plus grands besoins pouvaient être pour les soldats, on laissa au comité plein pouvoir pour changer cette proportion, et il fut convenu qu'il resterait maître de répartir à son gré les ressources, ne faisant d'exception que pour les sommes dont les donateurs auraient spécifié l'emploi.

Pénétrés de l'importante mission qui nous était confiée, notre premier soin fut de provoquer les souscriptions par un appel à nos concitoyens.

Souscription nationale.

« La guerre qui commence est un sacrifice national pour l'honneur et la sécurité de la France. Tout bon citoyen doit en prendre sa part.

« Réunissons-nous tous dans un effort commun. Nous qui sommes loin du champ de bataille, soutenons de notre appui ceux qui versent leur sang pour le pays. Pensons aux blessés, aux malades; que pas un de nos Français combattant puisse dire : « Faute « de secours, faute de soins, je n'ai pu revoir ma « patrie. »

« Nous faisons ici un appel patriotique à tous, sans distinction d'opinions : ce n'est pas une question politique, c'est une question d'humanité. Nous nous adressons à la petite obole comme aux grosses offrandes. Que chacun, en donnant le moindre secours, se dise : « J'ai peut-être empêché un enfant d'être or-« phelin, une épouse d'être veuve, ce vieux père et « cette vieille mère de pleurer leur enfant.

« Cette souscription est vraiment nationale; que chacun y participe dans la mesure de ses forces ou de son patriotisme; qu'elle soit digne de la France.

« Les membres du comité de secours aux blessés. »

Des souscriptions généreuses répondirent à notre demande, et, à peine installés, nous pouvions adresser au comité central de Paris une somme de *vingt-cinq mille francs* pour les blessés.

1° Préparation de linge de pansements; confection de vêtements.

Dès les premiers jours de la guerre, de grands ateliers de travail pour les blessés avaient été organisés à la Banque de France, siége de notre comité. Là se réunissaient assidûment un grand nombre de personnes de la ville; on y préparait activement de la charpie, des bandes, des compresses pour les blessés; on y confectionnait des chaussettes, des gilets de flanelle, des chemises pour nos soldats.

Beaucoup de dames y envoyaient régulièrement le produit de leur travail; de pauvres femmes, des ouvrières y apportaient le produit de leurs veilles.

Des paquets et des ballots y arrivaient de tous les points du département.

Grâce à ces ateliers et au concours de tous, le comité a pu expédier à Paris :

Quatre-vingt-dix caisses de linge, vêtements, vins, etc. pour les ambulances.

A cette occasion, le président du comité de Paris, M. de Flavigny, nous écrivait, à la date du 6 septembre : « Vous êtes une véritable providence pour notre œuvre. »

Depuis lors, il a été expédié du linge ou des vêtements partout où les besoins étaient signalés, entre autres à Colmar et à Orléans, et, plus tard, aux défenseurs de Belfort; il en a été fourni à tous les établissements et ambulances de Saint-Etienne qui en ont demandé. Pendant l'épouvantable guerre civile, nous avons adressé environ six cents kilogrammes de linge à Versailles.

Au total, nous avons pu expédier :

Cent-vingt-cinq caisses contenant douze mille trois cent soixante-quinze kilogrammes de linge tout préparé :

Cinquante caisses contenant mille chemises de coton, toile ou flanelle ;

Quatre cent cinquante gilets de flanelle ;

Deux cent cinquante plastrons de flanelle;

Deux cent cinquante ceintures de flanelle;

Deux cents tricots de coton ou de laine ;

Dix-huit cents paires de chaussettes ;

Quatre cent cinquante cravates cache-nez;

Cinq cents mouchoirs ;

Cent cinquante caleçons toile, coton ou flanelle;

Deux cents bonnets de coton ;

Cent paires de chaussons;

Cent vingt-cinq couvertures de laine ;

Cinquante paires de draps ;

Quatre cents serviettes ;

Quatre caisses de vêtements, tels que pantalons, paletots. manteaux ;

Neuf cent trente-un litres vins fins et vieux ;

Deux caisses de chocolat, quina, cigarettes, etc.

Une somme de 1,834 fr. a été employée à des achats de fournitures.

2° Secours aux familles nécessiteuses des soldats.

Avant d'entrer dans le détail d'une des plus importantes parties de notre œuvre, nous avons à rendre compte d'un incident.

Les chambres venaient de voter un crédit de cinquante millions pour les familles nécessiteuses par suite des appels sous les drapeaux.

Le 19 août 1870 au soir, notre président recevait la lettre suivante de M. Castaing, préfet de la Loire :

« MONSIEUR,

« J'ai convoqué pour demain samedi, 20 du cou-
« rant, à 10 heures, une commission chargée de s'oc-
« cuper d'activer les souscriptions patriotiques et de
« répartir entre les familles des soldats, marins et
« gardes mobiles, des secours déjà mis à ma dispo-
« sition par le gouvernement.

« La commission se compose de tous les membres
« du conseil général, je verrais avec plaisir que vous
« voulussiez bien assister à cette réunion avec tous
« les membres du comité de souscription de Saint-
« Etienne. C'est à la préfecture que l'assemblée aura
« lieu.

« Recevez, etc. »

Nous assistâmes à la réunion sans avoir eu presque le temps de délibérer sur cette invitation. Il nous fut proposé de nous fondre avec la commission des conseillers généraux; M. le préfet devait en être le président. Après une délibération sérieuse, nous refusâmes d'entrer dans cette combinaison, qui risquait d'aliéner notre indépendance. Nés d'une initiative privée, dispensateurs de souscriptions particulières, nous ne voulûmes pas nous exposer à trahir notre mandat en perdant la direction absolue de nos ressources.

D'ailleurs, il existait des comités particuliers à Roanne, à Montbrison, à Rive-de-Gier et à Saint-Chamond.

L'avenir a justifié notre prudente détermination, et, par ce que nous avons vu autour de nous et dans les départements voisins, nous nous sommes vivement félicités d'être restés libres.

Pour la distribution des secours.

Il a été décidé, en principe, que les familles des cantons seulement qui nous auraient adressé des souscriptions, auraient droit à des subsides. Plus d'une fois, cependant, en face de besoins réels, il a été dérogé à cette règle.

Presque dès le début, afin d'éviter des méprises, nous avons senti la nécessité de charger un seul d'entre nous de recevoir et de vérifier les demandes. Des renseignements étaient pris sur chaque famille pour en connaître aussi exactement que possible la situation et les besoins. Toute demande présentée était examinée en séance générale par tous les membres du comité réuni. Ces réunions avaient lieu trois fois par semaine.

Le mode de secours adopté a été un secours continu par quinzaine. Suivant les besoins, d'après le nombre des enfants, il était alloué une petite pension de dix, quinze, vingt, vingt-cinq et trente francs par mois. Toutes les fois qu'un membre de la famille était malade, il était alloué un secours extraordinaire. Les femmes en couches ont obtenu aussi des secours spéciaux.

Une carte avec numéro d'inscription était délivrée à la famille acceptée, avec laquelle elle se présentait chez notre trésorier, qui faisait lui-même les payements.

Chaque demande avait son petit dossier portant le même numéro que la carte, où figuraient tous les renseignements pris sur le nombre d'enfants, sur l'âge des personnes, sur les ressources et sur les besoins.

Pendant dix mois ces secours se sont continués. Actuellement encore, ceux dont les soutiens ne sont pas de retour n'ont pas cessé de recevoir leur quinzaine.

Ce mode d'opération et de distribution, s'il nous a occasionné un grand travail, nous a évité bien des mécomptes, et pour ceux qui recevaient, il avait l'avantage de leur ménager une aide régulière, bien préférable à un don une fois fait, dont souvent il ne serait pas resté trace quelques jours après. Il a été apprécié par tous ceux qui en ont bénéficié.

Ainsi, nous avons pu rendre de grands services sans faire de trop grandes dépenses. Et nous nous sommes efforcés d'apporter à cette œuvre assez de soins et d'attention pour qu'aucune demande digne d'intérêt ne soit rejetée.

Les sommes consacrées aux familles s'élèvent jusqu'à ce jour à 33,235 fr. 95.

Le nombre des familles secourues régulièrement, est de 443 ainsi composées :

564 soldats dont 94 mariés ;
150 pères ;
423 mères ;
707 enfants, sur lesquels 18 enfants ——— naturels reconnus par leur père.

Total : 1,844 personnes.

Outre ces 443 familles, il y en a environ 100 qui ont reçu des secours une seule fois donnés.

En plus des secours matériels, une correspondance nombreuse, elle comprend près de 500 lettres, a été faite au bureau du comité pour les familles ayant à correspondre avec des soldats à l'armée, dans des ambulances, en Prusse ou en Suisse, ou ayant des demandes à adresser à des chefs de corps pour le renvoi de soutiens de famille.

3° **Secours aux blessés: ambulance mobile de la Loire.**

Nos envois en argent et en linge au comité central

de Paris allaient nous donner l'occasion de créer une
de nos œuvres principales.

La société Internationale française de secours aux
blessés militaires avait, par mesure d'ordre, divisé la
France en plusieurs régions.

A la tête de chaque région, elle avait institué un
chef ou directeur. M. Vernes d'Arlandes était le directeur de l'Est, dont notre département faisait partie.

Nous étions, depuis quelque temps déjà, en correspondance avec lui. Et, à ce sujet, qu'il nous soit
permis de rendre hommage à son zèle et à l'urbanité
qu'il a toujours apportée dans ses rapports avec nous.
Au commencement d'octobre, M. le délégué régional
nous demandait si nous trouverions dans notre département les éléments pour l'organisation et la mise
en route d'une ambulance mobile, composée de 20
à 25 chirurgiens, aides-chirurgiens et infirmiers, pour
être dirigée selon les besoins vers les environs de Paris
ou du côté des Vosges.

Le projet fut mis à l'étude ; les difficultés furent
examinées une à une, les moyens d'exécution étudiés
et l'entreprise fut résolue.

Pour subvenir aux frais, tous les membres du comité commencèrent à faire des quêtes à domicile
dans tous les quartiers de la ville. Nous nous adres-
sâmes à toutes les bourses, et on aura une idée de la
générosité des Stéphanois, quand on saura que, sur
cent portes où nous frappions, c'est à peine si deux ou
trois nous refusaient. C'est un souvenir que nous gar-
derons toujours.

En même temps, l'organisation de l'ambulance se

préparait. L'un dut s'occuper du matériel roulant et des chevaux, un autre se chargea de la batterie de cuisine, un troisième s'occupa de l'outillage, un quatrième fut chargé des provisions de bouche ; enfin, tout cela se centralisait au siège du comité, où un membre s'occupait du classement et de l'organisation.

Les difficultés pécuniaires et matérielles étaient vaincues. M. le docteur Riembault, notre collègue, avec un dévouement bien méritoire, avait résolu la partie la plus difficile, en acceptant d'être le chirurgien en chef de l'ambulance de marche et de se charger de la composition du personnel médical.

Sur nos vives instances, M. Claudius Desjoyeaux, également notre collègue du comité, consentait, au dernier moment et à force de sollicitations, à en accepter la direction comme intendant.

Malgré l'activité de chacun, l'ambulance ne put partir que le 26 novembre ; mais nous eûmes la satisfaction d'être assurés que tant au point de vue du personnel que du matériel, elle ferait honneur à la ville de Saint-Etienne.

Tous partaient dévoués à leur œuvre. Personne ne recevait de payements, ni les cochers ni les palefreniers ; ceux mêmes qui avaient accepté ces humbles fonctions, devaient les remplir sans aucun salaire.

Aussi, M le directeur régional nous écrivait-il quelques jours avant :

« C'est avec un véritable intérêt que j'avais appris « la formation de votre ambulance de combat. Les

« éléments m'en paraissent excellents. La seule con-
« dition de marcher sans solde prouve déjà chez les
« hommes dont vous avez fait choix du dévouement à
« notre œuvre. C'est une condition que, malgré tous
« nos efforts, nous n'avons que rarement rencontrée à
« Paris, dans la formation des premières ambulances
« de la société. »

Le départ de notre ambulance fut un événement
à Saint-Etienne. Une quête devait être faite sur tout
son parcours, depuis la caserne jusqu'à la gare. Nous
pouvions compter sur des dons abondants. L'œuvre
était sympathique à toute la cité.

En prévision de la foule, nous avions demandé à
M. le colonel de la garde nationale une escorte pour
éviter des accidents. L'administration municipale
nous la fit refuser. Par suite de ce refus, le projet de
quête dut être abandonné et le parcours modifié.

Mais la population protesta par son attitude contre
la décision de l'administration municipale.

Pendant que M. Bertholon, alors préfet de la Loire,
nous adressait sur la place de l'hôtel de ville quelques
bonnes paroles d'adieu, la quête qui ne devait pas se
faire s'improvisa. Dans le court trajet de la gare, cinq
mille francs furent recueillis, et, malgré la pluie qui
tombait par torrents, immense était la foule qui ac-
compagna ceux qui allaient soigner nos blessés. Bien
des témoignages de sympathie et d'encouragement
leur furent donnés au milieu d'universels *vivat*.

On lira plus loin le récit détaillé des actes de notre
ambulance de marche dans le remarquable rapport de
son chef, le docteur Riembault.

Nous croyons seulement devoir transcrire ici les quelques lignes de résumé que nous adressions à M. le Délégué régional de l'Est à la date du 12 mars 1871.

« L'ambulance volante, créée par notre comité, s'est « mise en marche le 26 novembre 1870. Elle compre- « nait : trois docteurs, deux pharmaciens, neuf aides- « majors, deux administrateurs, treize infirmiers, un « interprète et un aumônier ; en tout, trente-deux « personnes. Le matériel se composait de deux grands « fourgons, et de deux breacks traînés par douze che- « vaux.

« L'ambulance à son départ de Saint-Etienne s'est « dirigée sur l'armée de la Loire, où elle a été atta- « chée spécialement au 18me corps, au service duquel « elle est restée à peu près exclusivement jusqu'à la « fin de la campagne. Après avoir suivi l'armée en « Suisse, l'ambulance est rentrée en France le 18 fé- « vrier 1871, par étapes.»

« Elle avait fait campagne pendant deux mois et « vingt-six jours.

« Vous trouverez ci-joint, Monsieur le délégué, un « rapport très-circonstancié de M. le docteur Riem- « bault, chirurgien en chef de l'ambulance, sur le « résultat de l'œuvre confiée à sa direction. Le nom- « bre des blessés et malades qu'elle a recueillis, « pansés et soignés à Bellegarde, à Bourges, au Creu- « sot, à Clerval, et dans d'autres stations passagères, a « été, suivant le chiffre de ce rapport, rédigé d'après « des notes prises au jour le jour, de 3,829.

« Les dépenses, pendant la marche, depuis le départ

« se sont élevées à 14,320 fr. 55 c.

« L'organisation de tous ces services avait coûté
« 14,285 fr. 05 c.

« Les frais de sa création et de son entretien ont
« donc monté à 28,605 f. 60. Cette somme totale a été
« couverte entièrement : 1° par une somme de 5,000
« francs, qui nous a été faite au nom de la société
« Internationale ; 2° par les subsides de la caisse du
« comité de secours ; 3° et par des quêtes spéciales
« à domicile dans la ville de Saint-Etienne.

« Nous avons été également redevables à la libéra-
« lité stéphanoise d'une grande partie du matériel :
« voitures et chevaux nous ont été généreusement of-
« ferts par des particuliers, même au-delà de nos be-
« soins, ce qui nous a permis d'apporter des soins
« tout spéciaux à la pharmacie, aux appareils de pan-
« sements, et aux attelages.

« Le personnel de l'ambulance, par des cir-
« constances relatées dans le rapport de M. le doc-
« teur Riembault, n'a pas dû bénéficier plus d'une
« semaine de la ressource du réquisitionnement pour
« sa subsistance. Les chevaux seuls ont pu être
« nourris pendant toute la durée de la guerre, à l'aide
« de bons de l'intendance militaire.

« Vous remarquerez, Monsieur le délégué, avec quelle
« réserve et quelle modestie, M. le docteur Riem-
« bault parle de ses travaux et de ceux de ses
« vaillants collaborateurs dans les dures et parfois
« dangereuses épreuves de cette pénible campagne.

« Le comité de secours, qui n'a cessé d'entretenir des
« rapports constants avec les divers services de l'am-

« bulance, a maintes fois été en mesure d'apprécier
« l'infatigable dévouement de son chef et l'activité à
« toute épreuve des auxiliaires, à quelque titre que ce
« fût, placés sous ses ordres. La plupart d'entre eux,
« épuisés par la fatigue, ont tour à tour dû payer un
« douloureux tribut à la maladie, et, si aucun n'a suc-
« combé, nous devons cette bonne fortune à l'énergie
« morale qui est venue en aide, aux moments les plus
« critiques, à la défaillance de la force physique. A ce
« point de vue, Monsieur le délégué, le rapport de
« M. le docteur Riembault, en ce qui concerne lui
« et son personnel, ne vous apprendra pas toute
« la vérité, il est du devoir du comité de la compléter
« en rendant à chacun la justice qui lui est due. »

A l'appui de ce que nous écrivions, nous pourrions
citer plusieurs témoignages. Nous nous contenterons
de transcrire ici ce que M. le directeur de l'Est nous
écrivait à la date du 22 décembre :

« J'ai eu par deux chefs d'autres ambulances des
« détails sur celle de la Loire. D'après eux, elle fait
« réellement honneur à votre département et à ses
« organisateurs. »

En outre de la création de notre ambulance mobile,
nous avons pourvu en grande partie à la formation
des petites ambulances des légions mobilisées de la
Loire, en leur fournissant toutes les pharmacies, des
instruments de chirurgie, des objets de pansement,
des caisses de linge et de vêtements ; à l'une d'elles,
il a été donné une voiture et procuré des chevaux.
Une somme de 2,465 fr. a été ainsi employée.

4° Service des blessés à la gare.

Dès les premiers jours de septembre, avant qu'il fût question d'une ambulance de marche, M. le sous-intendant militaire nous demanda de monter un service d'ambulance au chemin de fer pour les blessés de passage.

Nous l'organisâmes, d'accord avec M. le docteur Giraud, qui mit à notre disposition son petit local où nous fîmes transporter brancards, matelas, couvertures, linges à pansement, en un mot, tout ce qui était nécessaire.

A cette époque, les intendances ne pouvaient suffire à tous les besoins. Des trains de blessés, de malades passaient à la gare, non-seulement sans chirurgiens ni aides-chirurgiens, mais sans que les vivres fussent régulièrement assurés; la gare de Saint-Etienne étant un lieu d'arrêt, nous y organisâmes un service d'alimentation pour les blessés et malades de passage. Nous étions avertis de l'arrivée des trains de blessés. Nous les recevions dans les salles d'attente largement mises à notre disposition par le chef de gare, M. Sellenet, qui a plus d'une fois poussé la complaisance jusqu'à retarder le départ des trains pour faciliter nos soins.

Nous nous étions entendus avec les maîtres du buffet, chez qui nous avons toujours trouvé le plus grand

empressement à nous procurer les provisions nécessaires.

Nous distribuions nous-mêmes à nos soldats de la
soupe, du pain, de la viande et du vin. A ceux qui
étaient trop malades pour descendre, nous portions
des vivres dans les voitures. Ceux qui avaient besoin
d'être pansés l'étaient par les soins de M. le docteur
Giraud, toujours à son poste.

Des chaussettes, des chaussons, des cache-nez, des
tricots étaient donnés à ceux qui en avaient le plus
besoin.

Ce service a été un des plus actifs de notre œuvre ;
les trains arrivaient à toute heure du jour et même
dans la nuit ; mais nous avons ainsi soulagé de grandes souffrances, que la rigueur de l'hiver augmentait
encore. Aussi, nos malheureux soldats bénissaient,
en partant, notre population stéphanoise. dont nous
étions auprès d'eux les mandataires.

Le nombre de blessés ou malades ainsi secourus, a
été d'environ cinq mille.

Dans ce nombre sont compris ceux à destination
de Saint-Etienne, qui, presque toujours, n'ont été re-
mis aux membres du comité des ambulances sédentaires qu'après avoir été substantés.

En outre, deux membres de notre comité avaient
été chargés d'organiser une ambulance a proximité de
la gare pour pouvoir y recueillir ceux des malades ou
blessés qui, sans être à destination de Saint-Etienne,
se trouvaient trop fatigués pour continuer leur route,
et à qui un temps de repos était nécessaire.

Un très-grand local nous fut donné, et, bien que tout

fût à créer, en quelques jours nous pûmes y installer trente-cinq lits. Dans cette ambulance dite *ambulance de la gare*, deux cents malades ou blessés ont été soignés et un beaucoup plus grand nombre y ont été pansés et nourris.

Les dépenses pour ces différents services se sont élevées à la somme de 4,024 fr. 05.

RECETTES ET DÉPENSES

Le tableau suivant donne la somme de nos recettes et le détail de nos dépenses. Nous aurions pu donner la liste des souscripteurs, car tous les noms en ont été publiés par le *Mémorial*. La grande majorité est de Saint-Etienne; il y en a de tous les points du département et même de l'étranger.

On voudra bien nous excuser de ne pas en surcharger notre rapport. Ceux qui ont donné ont trouvé dans leur conscience le prix de leur générosité.

Qu'ils reçoivent ici nos remerciements, au nom de toutes les souffrances que nous avons pu soulager. C'est à eux que revient le mérite du bien que nous avons pu faire.

Situation au 10 août 1871.

Secours à l'armée.	27,010 »
Grande ambulance de marche. . . .	28,605 60
Ambulance de la gare et alimentation des blessés	4,024 05
A reporter.	59,639 65

Report.	59,639	65
Ambulance des mobilisés.	2,465	»
Secours aux blessés et soldats de passage	4,469	05
Secours aux familles de militaires .	33,235	95
Ateliers de linges à pansements et de vêtements...	1,834	30
Frais d'administration, ports de lettres principalement.	226	55
Solde restant à distribuer aux familles victimes de la guerre..	47,900	45

Montant des sommes encaissées. . .	149,770	95

Ainsi, au 10 août 1871, nos recettes

se sont élevées à la somme de. . .	149,770	95
Nos dépenses, à.	101,870	50

Il nous reste en caisse une somme de	47,900	45

Cette réserve, dont l'emploi doit compléter notre œuvre, est destinée aux orphelins, aux veuves, aux vieux parents qui ont perdu leurs soutiens dans la guerre. Actuellement nous continuons des secours à quelques blessés ou malades encore incapables de travail, à quelques familles dont les soutiens sont morts ou pas encore de retour.

Nous venons de dire comment notre comité a rempli son mandat. S'il a pu parer à tous les besoins en ayant une forte somme en réserve, c'est surtout que notre pays a moins souffert que d'autres du chômage, le travail n'y a presque pas cessé.

En terminant, le président du comité a le devoir de le déclarer : si notre comité composé de neuf personnes seulement, réduit ensuite à sept par le départ de deux des siens dans l'ambulance de marche, a pu suffire à tous les points de sa tâche, c'est que, sur tous ceux qui le composaient, pas un n'a manqué à son devoir. Chacun a fourni son contingent d'efforts et de travail.

Tout ce qui a été fait, on a pu le voir et nous avons l'orgueil de le dire, a été fait par nous mêmes, sans le secours d'aucun agent salarié.

Les frais administratifs de toute nature se sont élevés à la somme de 226 francs.

Comités auxiliaires du département de la Loire.

Nous avons terminé l'exposé de nos faits personnels. Il nous reste à dire quelques mots des autres comités du département qu'en notre qualité de comité principal, nous avons eu à reconnaître comme comités auxiliaires, ou sur lesquels nous avons eu à fournir des renseignements à M. le délégué régional de l'Est. On trouvera plus loin le tableau de ces comités avec la composition de leur bureau.

Disons auparavant que notre comité de Saint-Etienne a été reconnu, comme faisant partie de la *société Internationale de secours aux blessés de terre et de mer* à la date du 19 décembre 1870, par M. Moynier, président du comité de Genève.

Nous étions déjà régulièrement reconnus par *la société Internationale française de secours*, par une lettre du 1er décembre 1870, de M. le délégué régional de l'Est, ainsi conçu :

DÉCLARATION.

« En vertu des pouvoirs qui m'ont été confiés par
« le comité central siégeant à Paris, je déclare au
« nom de la société française de secours aux blessés
« des armées de terre et de mer que le comité de
« Saint-Etienne (Loire), présidé par M. Barbe, est ré-

« gulièrement affilié à ladite société et qu'en consé-
« quence, il participera aux droits et priviléges de la
« neutralisation telle qu'elle est consacrée par la con-
« vention de Genève, tant pour ses membres que
« pour le personnel et le matériel attaché à ses am-
« bulances.

« VERNES D'ARLANDES. »

En cette qualité nous avons pu reconnaître comme
comités auxiliaires et mettre sous la garantie de la
convention de Genève :

1° Le comité des ambulances sédentaires de Saint-
Etienne ;

2° Le comité des ambulances sédentaires de Montbrison ;

3° Le comité des ambulances sédentaires de
Roanne.

Sur la demande de M. le délégué régional de
l'Est, nous lui adressions, dans notre rapport du 12
mars 1871 sur les divers comités et sur les ambulances sédentaires du département, les renseignements
suivants :

« 1° Le comité de secours s'est attaché à Saint-
« Etienne le comité des ambulances sédentaires cons-
« titué primitivement par arrêté préfectoral ; ce comité
« a fonctionné et fonctionne encore avec ses propres
« ressources, produits de dons volontaires avec sous-
« criptions publiques. Il a recueilli 41,322 fr. 55 c.,
« sur lesquels il a dépensé 31,366 fr. 35 c. Il lui
« reste en caisse 9,996 fr. 20 c., avec lesquels il con-
« tinue à faire face aux besoins de chaque jour.

« Le nombre des malades et blessés reçus dans les
« ambulances a été jusqu'à présent de 2,100.

« Celui des lits mis à sa disposition, 853.

« Il avait établi quarante-quatre ambulances dans
« autant de locaux séparés. »

Nota. — Le nombre des blessés et malades soignés
a augmenté depuis.

« Le règlement avec l'intendance a été fait sur le
« pied de un franc par jour et par militaire, ce qui
« lui revaudra une bonification d'environ 20,000 fr.

« Mais jusqu'à présent rien ne lui a encore été payé ;
« et il continue à vivre à ses seuls dépens.

« 2° Le comité de Montbrison a eu quatre-vingt-
« dix-sept malades ou blessés. Toutes les offres de
« lits n'ont pu être utilisées. Les ambulances étaient
« au nombre de quinze dans la ville, l'hôpital compris,
« et de cinq dans quelques autres localités. Ses sous-
« criptions se sont élevées à 12,000 francs.

« Le comité de Montbrison a envoyé 5,000 fr. au
« comité central de la société de secours.

« 3° Le comité de Roanne a quinze ambulances
« contenant 187 lits. Il a reçu 304 militaires. Le
« montant de ses souscriptions s'est élevé à 3,794 fr.
« 60 c. »

Nota. — Nous devons dire qu'à Roanne, outre ce
comité des ambulances institué par décret de M.
Audiffred, sous-préfet de Roanne, il existait un
comité de secours dont les ressources étaient plus
importantes et qui a rendu de très-grands services
aux familles nécessiteuses.

« 4° Rive-de-Gier, qui a opéré en dehors de l'action

« directe de notre comité, a recueilli 135 blessés qui
« lui ont coûté 3,940 francs.

« La souscription s'était élevée à 7,701 fr. 50 c.

« L'hôpital a reçu 79 militaires.

« Le comité de Saint-Chamond a installé à ses
« frais 40 lits : 20 dans une ambulance spéciale et
« 20 à l'hôpital. Il a recueilli environ 80 blessés.
« Les souscriptions ont été largement suffisantes. »

Personnel du comité international de secours aux blessés militaires, de Saint-Etienne (Loire).

(Sectionnaire départemental.)

J. BARBE, fabricant de rubans, *président ;*
A. BOUDIN, écrivain, *secrétaire ;*
A. RONDEL, directeur de la Banque, *trésorier ;*
GUITTON Nicolas, fabricant de rubans ;
A^te^ TÉZENAS du Montcel ;
Léopold ROBICHON ;
CHÉRI-ROUSSEAU, photographe ;
Cl. DESJOYEAUX, marchand de soie, *intendant de notre ambulance volante ;*
A. RIEMBAULT, docteur médecin, *chirurgien en chef de notre ambulance volante.*

Personnel de l'ambulance mobile du comité international de Saint-Etienne (Loire).

Chirurgien en chef.. . MM. A. RIEMBAULT.

Chirurgien et médecin. $\{$ KHUN ;
BERTRAND-DUTECH.

Pharmacien en chef. . .	MM. PHILIPPON.
Aide pharmacien. . .	DARNE.

Aides chirurgiens. . .
- JANICOD ;
- FERRARY ;
- PALIARD ;
- PERCEPIED ;
- PIFTEAU ; ·
- DESPINE ;
- BALESTRE ;
- VERCIN ;
- VERT ;
- LAURENCY.

Infirmiers. . . . .
- MÉJASSON ;
- DÉCHAUD ;
- CHAZEY ;
- BALLEFIN ;
- RICHARD Benoît ;
- SOLÉLHAC ;
- SÉCHINGER ;
- MONTMARTIN ;
- TARDY Daniel ;
- BRUN ;
- JOUVE ;
- VADON aîné ;
- VADON jeune ;
- RANCHON.

Interprète.	HUÉBER.
Aumônier.	l'abbé VIAL.
Intendant.	Cl. DESJOYEAUX.
Sous-intendant . . .	RAY.

Comité des ambulances sédentaires de St-Etienne (Loire).
(Auxiliaire).

C. Corron, teinturier,   *président* ;
A. Robichon, fabricant de rubans, *vice-président* ;
C. Castel, marchand de soie,   *secrétaire* ;
C. Brun, fabricant de rubans,   *trésorier* ;
J. Chillet ;
F. Valentin ;
L. Pascal ;
Cornu ;
E. Sigaud.

Liste des ambulances sédentaires de Saint-Etienne.

Bureau de bienfaisance : directeurs, les administrateurs du bureau de bienfaisance, rue de l'Hôpital ; 35 lits ; médecin, M. Millon.

Ecole des Mines à Chantegrillet : directrices, sœurs de Saint-Vincent-de-Paul ; 27 lits ; médecin, M. Maurice.

Mme veuve Buisson (au Mont) : directrice, Mme Buisson ; 20 lits ; médecin, M. Jozan.

MM. Milliant et Halder (à Champagne) : directeur, M. Milliant ; 12 lits ; médecin, M. Fabreguettes.

M. Théolier (rue des Rives) : directeur, M. Théolier ; 36 lits ; médecin, M. Soulé.

M. Milliant (rue Tarentaize) : directeur, M. Marandon ;
26 lits ; médecin, M. Rimaud.

M. Bayard (place Jacquard) : directrices, sœurs de
l'Instruction ; 45 lits ; médecin, M. Jozan.

Annexe de l'hôpital : directeurs, les administrateurs
des hospices ; 110 lits ; médecins, les médecins des
hospices.

Prisons (route d'Annonay) : directeur, M. de Grassin ;
40 lits ; médecin, M. Maurice.

C. Castel (à Tardy) : directeur, M. Castel ; 4 lits ; médecin, M. Giraud.

Petites sœurs des pauvres (rue des Noyers) : directrices, petites sœurs des pauvres ; 10 lits ; médecin, M. Duplain.

M. David André (rue de la Bourse) : directeur, M. David ; 11 lits ; médecin, M. Cordier.

M. Palluat (au coin) : directeur, M. Palluat ; 5 lits ;
médecin, M. Cordier.

MM. Peyret, Tézenas et Bastide (rue Brossard) : directeur, M. Peyret ; 7 lits ; médecin, M. Millon.

M. Coignet (place Saint-Charles) : directeur, M. Coignet ; 6 lits ; médecin, M. Bruny.

MM. Corron et Vignat (à Valbenoîte) : directeur, M.
Corron ; 6 lits ; médecin, M. Fabreguettes.

M. Delphin (curé de Notre-Dame) : directeur, M. Delphin , 10 lits ; médecin, M. Michalowski.

Visitation : directrices, les sœurs de la Visitation : 10
lits ; médecin, M. Millon.

École de l'Etrat : directrices, sœurs de l'Etrat ; 15 lits ;
médecin, M. Chétail.

M. Guitton Nicolas (place Marengo) : directeur, M.
Guitton Nicolas ; 10 lits ; médecin, M. Gallois.

Jeu des archers de l'Union (rue Désirée) : directeur, M. Deschaud ; 18 lits ; médecin, M. Gallois.

Jeu de l'arc (rue Désirée) : directeur, M. E. Bard ; 18 lits ; médecin, M. Gallois.

M. Holtzer (à Firminy) : directeur , M. Holtzer ; 12 lits ; médecin, M. Duchesne.

Mme Chapelon (place Marengo Sud) : directrice, Mme Chapelon ; 6 lits ; médecin, M. Jozan.

M. Poidebard (à Saint-Paul) : directeur, M. Poidebard ; 8 lits.

M. Giron Marcelin (à Chantegrillet) : directeur, M. Giron Marcelin ; 6 lits ; médecin, M. Giraud.

M. Giron aîné (à la Fouillouse) : directeur, M. Giron ; 6 lits ; médecin, M. Jozan.

Les frères de Valfleury : directeurs, frères de Valfleury ; 6 lits ; médecin, M. Garcin.

La compagnie des mines de Firminy et Roche-la-Molière : directrice, administration des mines ; 6 lits ; médecin, M. Duchesne.

M. Henri Descours (à Saint-Paul-en-Cornillon) : directeur, M. Descours ; 24 lits ; médecin, M. Duchesne.

Saint-Galmier (hospices) ; 20 lits.

Firminy (hospices) ; 20 lits.

Saint-Jean-Bonnefonds : directeur, M. de Rochetaillée ; 9 lits ; médecin, M. Chétail.

Ecole des frères (rue Désirée) : directeurs, frères de la rue Désirée : 14 lits ; médecin, M. Jaussaud.

Frères maristes (à Valbenoîte) : directeurs, frères maristes ; 12 lits ; médecin, M. Garin.

Sourds-Muets (à Sainte-Barbe) : directeurs, frères de

la doctrine chrétienne ; 12 lits ; médecin, M. Duplain

Compagnie de Terre-Noire : directeur, M. Euverte ; 12 lits.

M. Descours Henri (à la Fouillouse): directeur, M. Descours Henri ; 6 lits ; médecin, M. Giraud.

Hospice de la Fouillouse : directeurs, administrateurs des hospices ; 6 lits ; médecin, M. Garin.

Mme Chapelon (place Marengo Nord) : directrices, sœurs de Saint-François ; 25 lits.

M. Testenoire Lafayette (rue de la Bourse) : directeur, M. Testenoire ; 5 lits.

M. François Neyron (à Méons) : directeur, M. Neyron ; 4 lits.

La compagnie de Roche-la-Molière : directrice, la compagnie ; 6 lits ; médecin, M. Duschesne.

Comité des ambulances sédentaires de Roanne (Loire).
(Auxiliaire.)

Joannès DEVILLAINE, négociant, *président ;*
J.-B. CAIRE, *vice-président ;*
REUILLET-FERRÉOL, docteur médecin, *secrétaire ;*
BERTHAUD, juge au tribunal de comce, *trésorier ;*
LAPOIRE Rémy, fabricant ;
BARLERIN Jean, pharmacien ;
DEVILLAINE Joseph ;
J. MICHALLON ;
DAUVERGNE, négociant.

Liste des ambulances sédentaires de Roanne.

Hôpital de Roanne, 50 lits;
Etablissement religieux le *Phénix*, 18 lits;
Pensionnat des sœurs Saint-Charles, 10 lits;
Pensionnat des Minimes, 10 lits;
Petites sœurs des pauvres, 12 lits;
M. de Renneville, au Coteau, 6 lits;
M. Merle du Bourg, à Perreux, 6 lits;
Hôpital de Perreux, 18 lits;
Hôpital de Montagny, 4 lits;
Couvent de Pradines, 12 lits;
M. de Vougy, à Vougy, 6 lits;
Hôpital de Charlieu, 20 lits;
Les frères de la doctrine chrétienne, à Charlieu, 7 lits;
M. Dreux, à Charlieu, 4 lits;
M. Desvernay, à Saint-Symphorien, 4 lits
En tout, 187 lits, qui ont reçu 304 blessés ou malades

Liste des médecins de Roanne qui se sont occupés des blessés.

MM. Couttaret, Grousseau, Bonnefoy, de Viry, Talichet, Reuillet.

Comité des ambulances sédentaires de Montbrison (Loire)
(Auxiliaire.)

BAZIN, *président ;*
HUGUET, *secrétaire ;*
GOURE, *trésorier.*

Liste des ambulances sédentaires de Montbrison.

Hôpital de Montbrison (variable pour le nombre de lits), 38 malades reçus ;

Ambulance des souscripteurs de Montbrison, établie au séminaire, 20 lits, 17 malades ;

Boën, 10 lits, 10 malades ;

Noirétable, 10 lits, 10 malades ;

Sury, 10 lits, 10 malades ;

M. de Villeneuve, 2 lits, 2 malades ;

M. Goure, avoué, un lit, un malade ;

M. Bazin, procureur de la République, un lit, un malade ;

M. Reymond, un lit, un malade ;

M. de Marcilly, 2 lits, 2 malades ;

M. de Meaux, 2 lits, 2 malades ;

M. Chavassieu, 2 lits, 2 malades ;

M. Gonon, 2 lits, 2 malades ;

Hôpital de Saint-Rambert, 8 lits ;

Hôpital de Saint-Bonnet-le-Château, 10 lits ;

Commune de Champdieu, 6 lits ;

Association des dames de Montbrison, 10 lits ;
Maison d'arrêt de Montbrison, 10 lits ;
En tout, 97 malades reçus.

Liste des médecins de Montbrison qui se sont occupés des blessés.

MM. Dulac, Rey, Pélardy.

Comité de Rive-de-Gier (arrondissement de Saint-Étienne).

Russery, *président ;*
Bayon fils, *secrétaire.*

Comité de Saint-Chamond (arrondissement de Saint-Étienne).

Henri Thiollière, *président ;*
Frédet fils, docteur médecin, *secrétaire.*

Maintien du comité international de secours aux blessés militaires, de Saint-Etienne (Loire).

MESSIEURS,

La société Internationale de secours aux blessés, avec sa marque distinctive de la croix rouge sur fond blanc, qu'on a pu voir sur les brassards et sur les drapeaux des ambulances, a pris son origine en Suisse, à Genève, en 1863.

Cette société s'est répandue bientôt dans tous les pays. Dès 1865 elle a été instituée en France. Actuellement, elle a un comité central siégeant à Paris, des directeurs régionaux et des comités dépendants dans presque tous les départements.

Elle a rendu pendant cette guerre des services immenses par la création de ses ambulances de marche et de ses ambulances sédentaires, par les secours en argent, en vivres, en vêtements qu'elle a distribués. Si les intendances avaient été laissées à leurs seules ressources, les misères, si grandes qu'elles aient été, auraient été bien plus grandes encore.

Pour ne citer qu'un fait, quand notre armée de l'Est a été obligée de se réfugier sur le terrain neutre de la Suisse, où elle a reçu un accueil si hospitalier et une assistance si sympathique, les comités suisses de la société Internationale de secours aux blessés ont pourvu aux soins de plus de 5,000 blessés ou malades de notre armée. Celui de Genève n'estime pas à moins de *trois millions* la valeur des secours que la société Internationale suisse de secours aux blessés a distribués pendant la durée de la guerre, une partie de nos prisonniers d'Allemagne y ont trouvé aide et facilités pour leur rapatriement.

Quand le Comité central de Paris publiera son rapport général, on sera étonné du chiffre des sommes recueillies et des services rendus, et cependant dans les commencements, faute d'organisation, on a perdu beaucoup de temps. Les premières ambulances de marche improvisées à la hâte ont été souvent défectueuses.

On peut prédire à coup sûr que la guerre de 1870 ne sera pas la dernière. Il y a donc tout intérêt à maintenir une organisation permanente. Nous avons reçu aides et subsides d'autres pays. Il nous est venu des souscriptions d'Amérique et d'Angleterre. Soyons prêts à fournir aux nôtres, ou à rendre à d'autres, les bienfaits que nous avons reçus.

Notre œuvre, d'ailleurs, a besoin d'être complétée. Il reste des secours à distribuer aux blessés, aux veuves, aux orphelins. Dès lors, notre comité de Saint-Etienne étant reconnu comme comité International de secours aux blessés militaires et par Paris et par Genève, j'ai l'honneur, Messieurs, de vous proposer le maintien de son existence, en suivant les règles de la société Internationale française de secours aux blessés.

Si vous approuvez ce projet, nous ferons prochaine-
ment connaître aux souscripteurs, les statuts de la société et la cotisation annuelle à payer pour en faire
partie.

J. BARBE, *président*.

Le projet est adopté à l'unanimité des membres du
comité.

En conséquence, notre comité continue à exister
sous son titre de :

COMITÉ INTERNATIONAL DE SECOURS AUX BLESSÉS

MILITAIRES, DE SAINT-ÉTIENNE (LOIRE).

———

Séance du 23 août 1871.

RAPPORT

DE

M. LE DOCTEUR A. RIEMBAULT

CHIRURGIEN EN CHEF DE L'AMBULANCE

———

CAMPAGNE 1870-71

———

RAPPORT

DE

M. LE DOCTEUR A. RIEMBAULT

CHIRURGIEN EN CHEF DE L'AMBULANCE

Le Comité de secours aux blessés de Saint-Etienne décida, dans le courant du mois d'octobre 1870, qu'une ambulance mobile internationale serait formée sous son patronage.

Il m'en confia la direction.

Le 26 novembre, tout était prêt, grâce au concours actif et éclairé de tous les membres du Comité, et l'ambulance quittait Saint-Etienne.

Elle était ainsi composée : quatre docteurs (un chirurgien en chef, un chirurgien en chef adjoint (1), deux médecins), deux pharmaciens, neuf aides-major, deux administrateurs, treize infirmiers, dont cinq plus spécialement destinés au service du matériel roulant, enfin un aumônier et un interprète, en tout trente-deux personnes.

Le matériel comprenait deux grands-omnibus dis-

(1) Le chirurgien en chef adjoint ne put partir, ce qui réduisit le nombre des médecins à trois,

posés d'une façon particulière, traînés par trois chevaux chacun, deux breacks à deux chevaux. Ces voitures portaient des objets de pansements pour deux
mille blessés, des vêtements, couvertures, vivres, mé-
dicaments dont on trouvera le détail aux notes à
consulter.

Huit jours avant notre départ, le président du comité avait écrit au ministre de la guerre pour faire
attacher l'ambulance à un corps d'armée. M. de Flavigny répondit de la part du ministre. Nous de-
vions nous diriger là où était l'armée de la Loire.
Notre matériel fut donc chargé sur le chemin de fer
à destination d'Orléans, où nous n'arrivâmes que fort
tard, le 27 novembre (9 heures du soir). Le lendemain
matin, notre premier soin fut d'aller aux renseignements chez le sous-intendant militaire; nous fûmes
assez heureux pour y rencontrer M. l'intendant général
en chef, qui, sur notre demande, nous attacha au 18e
corps d'armée, ou du moins nous remit une lettre
pour l'intendant du 18e corps, par laquelle il le priait
d'accepter notre concours.

Le 29 novembre au matin, nous partions pour Bellegarde, qu'occupait le 18e corps, et nous faisions
notre première étape. Nous arrivions le soir à Châteauneuf en même temps que les blessés de Beaune-
la-Rollande. Nous passâmes une partie de la nuit à
renouveler les pansements et à faire quelques opérations urgentes (1), et le lendemain nous étions à
Bellegarde, où M. l'intendant de Neuvier nous atta-
chait officiellement au 18e corps.

_____

(1) Nous avons donné des soins à 150 blessés environ.

Envoyés d'abord à Chicamour, où nous sommes restés à peine un jour, nous étions rappelés à Bellegarde, et le 30 novembre nous y établissions notre première ambulance. L'église du pays, qui nous avait été cédée, contenait des espèces de bancs pour trois personnes chacun, reliés les uns aux autres et formant, par cette disposition, des cases qui, munies de paille, pouvaient, tant bien que mal, tenir lieu de lits. Là, nous avons donné des soins aux blessés des combats de Montbarrois, Boiscommun, Mézières, et à des malades atteints d'affections des voix respiratoires et surtout de dyssenterie.

Nous avions cent cinquante hommes *couchés* dans l'église. S'il se fut agi seulement de leur donner les soins médicaux qui leur étaient nécessaires, nous aurions largement suffi à cette tâche; mais il nous fallait pourvoir à tout ce qui concerne l'installation, le chauffage, l'éclairage, la nourriture des malades.

L'expérience nous manquait alors, et le pays offrait peu de ressources. Cependant, grâce aux bons de réquisition que l'Intendant nous autorisa à faire, nous pûmes, à défaut de paille, nous procurer du foin; nous fîmes installer des poêles; nous occupâmes la cuisine de la cure pour la préparation des tisanes et des aliments; puis les cases furent numérotées, les noms des malades relevés et le service fut ainsi organisé :

Les deux docteurs se partagèrent les malades, ayant chacun quatre aides sous leurs ordres; chaque aide, assisté d'un infirmier, eut vingt malades à soigner sous la surveillance et la responsabilité du docteur auquel il était attaché. Quant à moi, je m'étais réservé les opérations graves, et j'assistais le matin à la visite d'un des docteurs, le soir à la visite de l'autre. Deux femmes du pays, que nous avions à la journée, portant une cruche de tisane, parcouraient incessamment les rangs des malades pour leur en distribuer. Grâce à l'intelligente activité de notre secrétaire, les provisions ne manquaient pas et arrivaient à temps.

Tout marchait régulièrement, et le 3 décembre j'expédiais au château de Chicamour, où je m'étais ménagé une quinzaine de lits, quelques opérés et deux ou trois blessés que je comptais amputer.

Le 4 décembre, à 8 heures du matin, un ordre nous arrive de l'intendance, d'après lequel nous devons, en deux heures de temps, évacuer tous nos malades sur des voitures préparées à cet effet, et quitter nous-mêmes Bellegarde pour nous rendre à Châteauneuf. Il faisait un froid très-vif. Nous fîmes une large distribution de gilets de flanelle, de paires de chaussettes, etc., puis nous procédâmes à la meilleure installation possible des malades dans les voitures, les couvrant de foin, de couvertures de laine, leur laissant un peu de pain et de vin. Enfin nous détachâmes un aide chargé d'accompagner le convoi conduit par M. Loubens, sous-intendant militaire.

Telle fut notre première opération, qui, malheureusement, a été de trop courte durée. Nous n'avons pas pu réaliser tous les résultats que nous espérions. Cependant nos efforts n'ont pas été perdus, j'en suis convaincu. J'évite les détails qui m'entraîneraient trop loin; mais je crois devoir insister sur un point concernant notre séjour à Bellegarde.

Il s'est présenté à notre ambulance un grand nombre de soldats qui n'étaient pas malades, à proprement parler, mais qui étaient exténués par le froid, la faim, la fatigue. Nous les recevions toutes les fois que nous le pouvions, c'est-à-dire quand ils étaient munis d'un billet de leurs officiers. Un peu de chaleur, de repos et d'aliments pendant trente-six ou quarante-huit heures les transformait, et nous avons ainsi conservé à l'armée bon nombre d'hommes qui, faute de soins, auraient encombré longtemps les hôpitaux, ou même auraient péri. Nous ne leur donnions pas les places des vrais malades; ils couchaient dans les allées, sur les marches des autels; il n'était pas bien, sans doute; mais ils avaient chaud, et, après tout, ils étaient mieux que sur la neige.

Le 4 décembre, à 10 heures du matin, nous quittons Bellegarde et nous commençons cette retraite si pénible qui ne devait finir qu'à Bourges; nous couchons le 4 à Châteauneuf, le 5 à Sully, le 6 à Gien, ou plutôt au château de Marcault, en face de Gien, sur la rive gauche de la Loire. Le 7 au matin, nous parcourions la ville pour y trouver des locaux propres à l'installation d'ambulances; nous en avions noté trois qui nous paraissaient réunir des conditions passables; c'était là que nous pensions faire la réception des malades et ensuite opérer un tril parmi eux; les plus gravement atteints auraient été transportés au château de Marcault, où nous pouvions disposer d'une trentaine de lits, et à un autre château voisin, qui en avait autant à peu près. Il nous fallait l'autorisation du maire, car les locaux en question étaient des écoles

communales ; il nous demanda la journée pour réflé-
chir. On verra dans les notes à consulter que M. l'intendant approuvait notre plan, et pour nous en faciliter l'exécution, il nous donnait un mot destiné à
aplanir les difficultés.

Rentrés au château de Marcault, nous entendons
gronder le canon sur la rive droite ; il était 4 heures ;
je donne ordre d'atteler les breacks, d'y charger des
caisses remplies d'objets de pansement. On part.
Nous allons trouver le maire, qui nous demanda encore une heure de réflexion. Cependant nous laissons
les voitures à la porte de la mairie, avec les cochers,
et nous allons aux informations. Nous rencontrons
M. l'intendant, qui nous dit de partir et de nous re-
plier sur Sancerre.

Le 8 décembre au matin, nous nous replions sur
Vailly. Horrible journée ! Repoussés, bousculés, inju-
riés et enfin dispersés, nous pûmes cependant nous
rejoindre tous dans la nuit, à Vailly, et le lendemain 9,
dans la soirée, nous étions à Sancerre. Là, suivant notre
coutume, nous allons prendre des ordres à l'intendance, et en même temps faire signer des bons de réquisition pour nos vivres ; on nous les avait offerts à
Bellegarde, et nous les avions acceptés. M. l'intendant, ce jour-là, parut mécontent de nous voir user
de réquisitions pour nous-mêmes, et déclara qu'il les
signerait encore cette fois, mais cette fois seulement,
qu'il pensait que nous étions venus pour lui venir en
aide et non pour lui être à charge. Ce propos m'ayant
été rapporté, je lui écrivis la lettre suivante :

« Sancerre, le 10 décembre 1870.

« Monsieur l'intendant général,

« Les observations que vous avez faites à l'un de
« nos secrétaires, au sujet des réquisions que l'am-
« bulance de Saint-Etienne a réclamées, m'ont été
« transmises. Je les accepte de tous points. Lorsque
« nous étions à Bellegarde, nous avons été obligés de
« nous passer de souper un jour. Ni les boulangers
« ni les bouchers n'ont rien pu ou voulu nous livrer
« contre argent ; nos collègues des autres ambulances
« nous ont dit qu'ils avaient recours aux réquisitions
« autorisées par l'intendance. Nous pensions que
« c'était l'usage, et nous en avons usé ; mais nous
« sommes disposés à payer tout ce que nous avons
« pris, et à ne recourir désormais à votre entremise
« que dans les cas où nous ne pourrions vivre avec
« nos ressources.

« Nous n'avons quitté volontairement nos foyers
« que pour vous être utiles et non pour vous être à
« charge, et nous ne demandons que les occasions
« d'utiliser toutes nos bonnes volontés. Notre con-
« cours est, avant tout, désintéressé, et il vous est
« acquis dans la mesure la plus large, en conformité
« avec nos moyens d'action.

« Agréez, etc... »

Le médecin résidant à Sancerre venait de mourir,
et la ville était encombrée, nous dit-on, de malades
et de blessés militaires. Le maire et le sous-préfet

voulaient nous retenir au moins quelques jours; nous
ne demandions pas mieux; M. l'intendant consulté
répondit qu'il ne pouvait pas absolument se passer
de nous.

Le lendemain matin, nous recevions l'ordre de nous
diriger sur Bourges, par les Aix–d'Anguillon, mais
de ne partir qu'après que le dernier fourgon des ambulances militaires et des bagages eut défilé, afin de
ne pas encombrer les chemins de nos voitures. Nous
obéîmes; mais quand l'officier chargé de protéger le
convoi vint nous dire qu'il attendait que nous fussions
en route pour partir lui-même, nous lui déclarâmes
que nous ne partirions qu'après lui, n'ayant nul besoin
d'escorte, et ne tenant pas, en cas d'attaque, à voir
nos voitures bousculées pour barrer les routes et protéger le convoi.

Nous arrivons à Bourges le 11 décembre à midi;
nous cherchons inutilement l'intendance du 18e corps:
faute d'ordres, nous prenons une décision.

Nous voyons l'armée française rangée autour de
Bourges, suivant une ligne courbe partant de Levet et
passant par Saint-Florent, Mehun, Saint-Martin, les
Aix, et finissant vers Brecy, sur la route de la Charité.

Il nous parut vraissemblable qu'on allait défendre
Bourges et que l'action devait avoir lieu sur un des
points de la courbe indiquée. En conséquence, nous
détachons une escouade qui va en voiture sur la route
de Dun-le-Roi en réconnaissance. On s'assure du château de Soyer et d'un autre château situé près de
Saint-Just, sur la route de Dun-le-Roi.

Cependant une autre recherche se faisait en sens

inverse; à Menetou-Salon, nous trouvons des ambulances déjà établies, mais n'ayant pas de direction médicale; nous y plaçons deux aides. Enfin, à Bourges même, tous les membres de l'ambulance parcouraient les rues, visitaient les appartements à louer et les maisons qui arboraient le drapeau international. Quand l'ennemi approche, tout le monde veut avoir des blessés à soigner....

Le soir même du 11, jour de notre arrivée, nous avions obtenu du propriétaire de la maison, rue Moyenne, 13, l'autorisation d'y installer une vaste ambulance. Nous avions acheté une voiture de paille (non sans peine) et une voiture de bois, et nous recueillions pour la nuit une trentaine de malades. Le lendemain, 12, nous avions :

Une ambulance rue Moyenne, 13	160 malades, dont
Une ambulance rue des Arènes, 27	67 couchés dans des
Une ambulance rue des Arènes, 14	lits les derniers jours.
Une ambulance rue Notre-Dame (2 écoles)	

L'expérience acquise à Bellegarde nous a servi à Bourges : l'installation a été rapidement faite, et le service a marché très-régulièrement. La dissémination augmentait beaucoup la besogne et fatiguait les aides, parce que les gardes de nuit étaient plus nombreuses et revenaient plus vite pour chacun.

Néanmoins tout marchait bien, et nous pouvions encore, sur la demande de M. Friant, intendant général en chef de l'armée du général Bourbaki, examiner, classer et soigner 4,000 malades entassés dans les immenses salles du Petit-Séminaire. Nous les

rangions en trois catégories : 1° les vrais malades,
— nous entendions par là tous ceux qui n'étaient pas
susceptibles d'être guéris en huit ou dix jours ;—
2° les écloppés, les fatigués, ceux qui avaient besoin de
quelques jours de repos et devaient promptement rejoindre ; 3° enfin les carottiers.

En outre nous donnions nos soins à des officiers
logés en ville qui nous faisaient appeler. Parmi eux
je citerai le brave et malheureux colonel Achilly.

Le 13 décembre nous apprenons que le 18° corps
est à Saint-Martin ; nous y envoyons immédiatement
une forte escouade, de manière à n'en être jamais
séparés et à être prévenus à temps de ses mouvements.

C'est ainsi que nous attendions les événements qui,
suivant nous, étaient imminents.

Nous étions en mesure de recevoir un grand nombre de blessés, si une bataille était livrée, comme
nous le pensions, aux environs de Bourges, et en at-
tendant nous avons donné des soins à un grand nombre de malades. (Voir, pour les détails, aux notes à
consulter.)

A Bourges on était mal disposé pour les ambulances ; on nous demandait à chaque instant à voir nos
cartes ; on nous traitait peu poliment ; j'engageais les
membres de notre ambulance à rester calmes et à se
contenter du témoignage de leurs consciences, qui,
certes, ne devaient rien leur reprocher.

Le 20 décembre, l'escouade établie à Saint-Martin
nous avertissait que le 18° corps prenait la route de
la Charité. Le 21, la moitié des membres de l'ambu-

lancé partait avec deux voitures dans cette direction;
l'autre moitié restait à Bourges pour évacuer les malades, et devait se préparer à rejoindre au plus vite.

Le 24, en effet, elle partait pour Nevers, où elle
retrouvait l'avant-garde.

Pendant les marches, nous ne rendons aucun service et nous souffrons beaucoup de toutes manières ;
le froid, la fatigue, l'encombrement, la difficulté de
nourrir, de loger hommes et chevaux, tout cela est peu
en comparaison des vexations de tous genres qu'é-
prouvent quelquefois les ambulances de la part de
l'armée. Nevers, étant le point de départ pour la région de l'Est, était nécessairement le rendez-vous des
ambulances et du reste. On y voyait beaucoup de croix
rouges ! Nous n'y séjournâmes pas longtemps. Le général Billot, ayant vu quelqu'un des nôtres à Nevers,
nous avait assigné un rendez-vous au Creusot pour
le 26 décembre. Quoique ayant passé toute la nuit
du 24 au 25 en wagon pour faire le trajet de Bourges à Nevers par un froid de 12 degrés, nous résolû-
mes de repartir dans la journée du 25, si c'était possible, afin d'être plus sûrement rendus au poste qui
nous était assigné. Nous passâmes la journée du 25
et une partie de la nuit du 25 au 26 à la gare, sans pouvoir profiter d'un des nombreux trains en partance.
Le lendemain matin 26, malgré la neige, nous
faisions partir notre matériel par voie de terre, prévoyant, vu l'encombrement, que ce n'était pas de
sitôt que le chemin de fer serait disponible pour nous.
Les routes étaient cependant peu praticables ; à chaque montée des renforts allaient être nécessaires et
comment se les procurer ?

Je me suis arrêté un moment sur les difficultés du transport ; c'est que ces difficultés sont plus grandes pour nous que pour l'armée. Voyage-t-on par les routes de terre, nous encombrons ; par les chemins de fer, tout le matériel de guerre doit passer avant le nôtre.

Quoi qu'il en soit, le 26 septembre, à 9 heures du soir, j'étais au Creusot avec dix-sept membres de l'ambulance. Le général Billot en était parti depuis deux jours. Il était à Chagny. Il avait manifesté le désir de me voir. J'allai le trouver ; il était absent. J'attendis. Comme il ne revenait pas, M. Martini, intendant attaché au 18° corps, me pria de me charger de cent trente malades dont il ne savait que faire. Le 29, je retournais au Creusot avec le convoi de malades. A mon arrivée, j'allais trouver le maire, qui me donna immédiatement une belle école de filles.

Pendant qu'une partie de notre ambulance s'occupait du transport des malades, du chemin de fer à l'école, l'autre préparait l'installation ; les sœurs aidaient ; on faisait grand feu partout ; la paille manquant dans le pays, on en allait chercher dans les environs.

Du reste, voici la lettre que j'adressais, le 30 décembre, à M. Martini, intendant militaire, qui rend compte de nos opérations :

« Monsieur,

« Je viens vous rendre compte de la mission que « vous m'avez confiée et vous exposer ce qui a été

« fait. Nous avons reçu hier soir, 29 décembre 1870,
« de Chagny, cent trente malades, qui sont atteints
« des maladies suivantes :

« Variole 12
« Syphilis. 17
« Dyssenterie. 16
« Fièvre typhoïde. 9
« Affections diverses (bronchi-
    tes, ampoules, angines, con-
    gélations des pieds, etc.). . 76
                                    ———
« Total. 130
                                    ═══

« Demain je vous adresserai une liste comprenant
« trois catégories :
« 1º Ceux qui sont à même de rejoindre leurs
« corps avant huit jours.
« 2º Ceux qui sont malades pour un temps long et
« qui, étant incapables de faire campagne, doivent
« être évacués au loin.
« 3º Ceux enfin qui sont trop gravement atteints
« pour être évacués maintenant.
« Puis j'attendrai vos ordres pour agir.
« En arrivant hier soir ici, nous n'avions rien de
« prêt, pas même un local ; la caserne dont on vous
« avait parlé est construite en planches et a servi
« dans le temps de la grève (c'était en été) pour
« loger les troupes qui avaient été appelées au Creu-
« sot. Ce n'est pas habitable pour des malades ; il y
« gèle comme dans la rue. Nous avons demandé et

« obtenu une belle école; on a d'abord fait du feu,
« et les malades ont pu tout de suite s'asseoir sur
« des bancs. Puis, et non sans peine, on s'est pro-
« curé un peu de paille. Les habitants du Creusot,
« instruits de notre dénûment, sont venus à notre
« aide avec un zèle admirable. Bouillons, tisanes, vin,
« viande, tout arrivait dans la soirée; à minuit nous
« avions quatre-vingts matelas avec draps et couver-
« tures. Ce matin nous avons établi notre cuisine;
« chaque malade avait le nécessaire comme médica-
« ment et nourriture, et ce soir notre organisation
« laissera peu à désirer : tous les hommes auront un
« lit et des distributions régulières.

« Je m'occupe déjà d'agrandir nos ressources hos-
« pitalières, et je pense être à même demain ou après
« demain de recevoir un nombre de malades égal à
« celui que nous avons aujourd'hui. On dit que les
« habitants du Creusot ont mauvaise tête; c'est possi-
« ble, mais ils ont bon cœur. Je n'ai jamais vu, nulle
« part, un pareil empressement à faire le bien. Cha-
« cun apporte ce qu'il peut : des gilets de laine, des
« chaussettes, des sabots, du vin, du bouillon, du
« sucre; c'est une procession qui ne finit pas. Nous
« emmagasinons tout cela pour en faire une bonne
« répartition, etc... »

N'ayant pas reçu de réponse à cette lettre et crai-
gnant, d'après les bruits qui couraient, que l'armée
partît sans nous, j'écrivais une seconde lettre à l'intendant. La voici :

« Monsieur,

« J'ai l'honneur de vous adresser, sous ce pli, la

« liste des hommes qui sont en état aujourd'hui de
« sortir de notre ambulance et de rejoindre leurs corps.

« J'attends vos instructions touchant les évacua-
« tions; le bruit court ici que le 18ᵉ corps a quitté
« Chagny. Nous pensons recevoir, d'un moment à
« l'autre, l'ordre de rejoindre, etc. »

N'obtenant pas de réponse, nous prîmes la réso-
lution de quitter le Creusot, où notre présence cessait
d'être utile. Nous confiâmes dix-neuf malades, qui
étaient hors d'état d'être transportés, à nos excellents
confrères du Creuzot, et tous les autres en mesure de
rejoindre leurs corps furent évacués. Au préalable,
ils furent pourvus d'une chemise, d'une paire de
chaussettes, d'un gilet de flanelle ou au moins d'une
ceinture, et enfin d'une paire de sabots.

Le 12 janvier, nous quittions le Creusot, nous diri-
geant sur Besançon. Nous pensions trouver là des
renseignements et des ordres. Nous y arrivons le 15.
Nous y trouvons M. Ferraton, chirurgien en chef de
l'armée de l'Est, qui nous conduit immédiatement chez
M. l'intendant général Friant, qui nous envoie à Clerval. Nous faisons observer que, jusqu'à présent, nous
avons été attachés au 18ᵉ corps; on nous répond que
c'est indifférent. Nous arrivons à Clerval le 16 au soir.

Le lendemain nous prenons le lieu et place de
MM. les médecins de la division de cavalerie du 15
corps.

Nous avions à soigner près de quatre cents malades
ou blessés, qu'il fallait loger, chauffer, nourrir, panser,
soigner. Il en arrivait chaque jour cent ou cent cinquante nouveaux, à qui il fallait faire de la place en

évacuant, parmi ceux qui étaient dans nos salles, les moins gravement atteints, ou en appropriant de nouveaux locaux.

Le 24 janvier, l'armée francaise, revenant de Montbelliard, de l'Isle, se repliait sur Besançon, en passant par Clerval, où nécessairement affluaient les malades et les blessés. Nous étions débordés. Je demandai l'église du pays ; l'intendant la réquisitionna immédiatement ; mais le curé alla trouver le général et en obtint un sursis. Vendredi soir 28, j'évacuais, par le chemin de fer, trois cents malades ou blessés environ. Le train manqua ; on me les renvoya ; il fallait les garder douze heures encore. Les places qu'ils avaient occupées chez nous étaient alors prises par les nouveaux venus.

Les difficultés de casernement, si grandes par le froid excessif qui régnait, n'étaient pas les seules qui dussent nous préoccuper. La nourriture de tant d'hommes n'était pas une petite affaire. Tout militaire qui passait dans notre ambulance, n'y séjourna–t-il que quelques minutes, prenait une soupe, un morceau de pain, un verre de vin avant d'être évacué.

Notre pharmacie débitait neuf cents litres de tisane par jour. Nos deux breacks étaient attelés toute la journée ; le matin, ils apportaient aux cuisines la viande, le pain ; le tantôt, le bois, la paille. Car, d'une part, il faisait très-froid, et, d'autre part, il fallait souvent renouveler la paille qui constituait toute la literie. Certains malades ou blessés, ne pouvant pas se remuer, faisaient tout sous eux... Le nettoyage des salles, si étroites, si malsaines malgré tout, était, à lui

seul, une grosse besogne; mais une besogne utile,
indispensable pour parer, autant que possible, aux
inconvénients de l'encombrement.

L'encombrement! voilà le fléau des armées, bien
autrement terrible que le feu de l'ennemi. Comment
l'éviter pour les malades en campagne? C'est une question à mettre à l'étude, et celui qui la résoudra aura
bien mérité de l'humanité.

Tant que l'armée française occupa le pays et que
l'intendance demeura à la gare, nous ne manquâmes
ni de viande ni de pain ni de vin; mais quand tout
fut parti, quand nous fûmes au pouvoir de l'ennemi,
notre embarras fut extrême. Les denrées alimentaires,
très-rares déjà, étaient soigneusement cachées. Cependant nous avions reçu de M. l'intendant Bilco un ordre
de réquisition qui nous fut très-utile. M. le maire
de Clerval garda cet ordre, dont il nous donna copie,
et mit beaucoup d'empressement à nous faciliter notre
tâche.

Le 27 janvier, j'écrivais à M. l'intendant général la
lettre suivante, qui résume la situation :

« Clerval, le 25 janvier 1871

« Monsieur,

« Nous envoyons un homme du pays en Suisse pour
« faire parvenir quelques lettres à nos familles.

« Je profite de cette occasion pour vous adresser
« un rapport succinct au sujet de la mission que vous
« nous avez confiée.

« Depuis le 17 janvier jusqu'au 23, jour où l'armée

« française quittait définitivement Clerval, nous avons
« soigné et nourri 1,404 blessés ou malades. Nous
« en avons dressé la liste aussi exacte que possible,
« en prenant leurs noms, prénoms et les numéros
« de leur régiment. Cette liste vous sera remise quand
« vous le désirerez.

« De ces 1,404 malades ou blessés nous en avons
« évacué 1,040
« Il en est mort 65
« Il en reste en traitement 299
« qui peuvent se ranger dans les quatre catégories
« suivantes :

     « Varioleux 163
     « Blessés gravement 89
     « Typhiques 23
     « Maladies diverses. 24
     « Total. 299

« Avant son départ, M. Bilco, intendant, nous a
« donné dix caisses de biscuits à défaut de pain et
« un ordre de réquisition pour le maire de Clerval,
« cet ordre nous a été très-utile, il nous a permis
« de fouiller le pays, nous y avons trouvé quelques
« sacs de blé que nous avons fait moudre, ce qui
« assure à nos malades du pain pour une dizaine de
« jours. Nous avons de la viande pour quelque temps
« encore; le sucre et le vin manquent, mais nous
« avons un peu d'eau-de-vie.
« L'installation des malades est mauvaise, un peu
« de paille dans des locaux très-étroits. Toutefois,

« hier et aujourd'hui, nous avons pu nous procurer
« une dizaine de lits pour les blessés que nous ve-
« nions d'amputer, et nous espérons que notre insis-
« tance auprès des habitants nous permettra, d'ici à
« quelques jours, d'établir tous nos opérés d'une ma-
« nière passable.   »

« Des quarante-sept soldats faisant fonctions d'in-
« firmiers que nous avait donnés M. l'intendant,
« trente-cinq sont partis à l'approche des Prussiens :
« nous avons donné des brassards à ceux qui sont
« restés, nous avons pris chez les varioleux quelques
« convalescents pour faire le service de leurs salles.

« Nous avons malheureusement épuisé nos caisses
« de linge, charpie et objets de pansements, nous en
« sommes réduits à faire laver nos bandes et nos
« compresses.

« Nous avons cru, Monsieur, devoir rester avec les
« malades que vous nous avez confiés, malgré notre
« désir de suivre notre armée, et aussi malgré la
« crainte des obus et la perspective d'être faits pri-
« sonniers.   »

« J'espère que vous nous approuverez. Si les Prus-
« siens, qui nous visitent journellement, ne s'y oppo-
« sent pas, nous demeurerons auprès de nos malades
« tant que notre concours sera nécessaire ; après quoi
« nous rentrerons par le plus court chemin possible
« afin de nous mettre de nouveau à votre disposition
« pour le soulagement de nos malheureux soldats.

« Nous passerons vraisemblablement à Genève; si
« vous le jugez à propos, adressez-nous-y des instruc-
« tions, poste restante.   »

« Veuillez agréer, etc. »

Le service médical et chirurgical se faisait régulièrement quoiqu'il fut considérable et malgré la réduction de notre personnel par la maladie et la fatigue (1).

Quand le mouvement de retraite de l'armée française par Clerval sur Baume-les-Dames, Besançon, etc., fut terminé, nous n'eûmes plus de malades ou blessés à recevoir et nous pûmes mettre de l'ordre parmi ceux qui restaient. Les varioleux et les typhiques avaient toujours occupé des chambres séparées ; nous leur donnâmes des maisons pour eux seuls. Les blessés furent divisés en deux catégories, ceux qui pouvaient se panser eux-mêmes et les autres. Enfin, dès qu'un homme entrait en convalescence et pouvait fournir un petit contingent de travail, nous l'utilisions. Parmi les blessés ces cas étaient rares, attendu qu'au moment où l'armée française se retirait, nous avions évacué tous ceux qui pouvaient marcher, ne conservant que ceux ayant des blessures aux membres inférieurs ou d'autres blessures extrêmement graves.

Assurément bien des choses manquaient ou laissaient à désirer, malgré tous nos efforts. Cependant il est à croire que l'installation de nos ennemis n'était guère meilleure que la nôtre. Quand les docteurs

(1) MM. Vadon Camille, variole; Vadon Antony, variole très-grave, Pifteau, typhus; Darne, typhus; Balfin, typhus; Kuhn, gastralgie; Vert, gastralgie, actuellement en congé de convalescence.

MM. Brun, laryngite œdémateuse; Dutech, angcioleucite; Ferrary, bronchite capillaire.

Presque tous les autres tour à tour furent atteints de fièvre catarrhale, de bronchite ou d'angine; un tiers des membres de l'ambulance a été constamment alité à Clerval.

prussiens vinrent chercher chez nous leurs compatriotes blessés, ceux-ci demandèrent instamment à rester avec nous (1). Ils étaient traités comme les nôtres, bien entendu, ni plus ni moins.

Enfin le 2 février, toutes les opérations chirurgicales étaient faites. Il restait des malades en convalescence et vingt-quatre blessés ayant encore besoin de la visite et de la surveillance d'un médecin. Nous les avions réunis dans deux salles pour rendre le service plus facile. MM. les docteurs Bobilier et Roy habitant la localité nous avaient offert leur concours, nous l'acceptâmes et leur remîmes la direction de notre service en leur laissant, bien entendu, les vingt-cinq infirmiers militaires qui fonctionnaient avec nous.

Vingt-quatre blessés et des malades en convalescence ne pouvaient guère nous retenir, surtout dans la pensée où nous étions qu'on se battait près de Besançon et que nous pouvions être infiniment plus utiles ailleurs qu'à Clerval.

Nous considérâmes que nous avions terminé la mission qu'on nous avait confiée et j'écrivais la lettre suivante à M. le maire de Clerval :

« Monsieur,

« Ainsi que nous en sommes convenus verbalement, « je vous laisse à partir de demain la direction des « blessés et malades qui restent encore aujourd'hui « dans les ambulances de Clerval. Les deux confrères

_____

(1) L'un d'eux qui devait subir l'amputation de la jambe voulut être opéré par moi, son désir fut respecté.

« de la localité qui ont gracieusement offert leur con-
« cours trouveront moins de besogne que la longue
« liste que je vous adresse ne semblerait l'indiquer.

« Les malades sont rangés par catégories. La plupart
« peuvent se panser eux-mêmes ; toutes les opérations
« à faire ont été faites. Il reste en tout une trentaine
« d'hommes ayant besoin de la surveillance et des
« soins d'un docteur.

« Nous laissons les infirmiers militaires aujour-
« d'hui bien accoutumés à leurs services respectifs.

« Tous les objets de pansements qui nous restent
« (il en reste malheureusement peu) seront partagés
« entre les diverses infirmeries.

« Nous vous remettons en outre des couvertures en
« laine et en peaux de mouton qui nous ont été li-
« vrées par M. l'intendant, plus les ustensiles de cui-
« sine, arrosoirs, seaux, gamelles, etc., que nous
« avons fait faire pour le service des infirmeries ; enfin
« quelques provisions, notamment un bœuf entamé
« aujourd'hui et sept caisses de biscuit.

« Permettez-moi, Monsieur le maire, en partant, de
« vous offrir mes remercîments pour l'empressement
« éclairé avec lequel vous nous avez aidés. »

Le 2 février au matin nous partions. Nous arrivions
le 5 au soir en Suisse. Nous n'avions pas connaissance
des événements en quittant Clerval. Nous apprîmes
que notre armée de l'Est venait d'être internée. Nous
offrîmes nos services qui ne furent pas acceptés.

Les journaux suisses, depuis plusieurs jours, rem-
plissaient leurs colonnes de plaintes et d'injures contre les ambulances internationales qui, disait-on, se

cachaient on ne sait où, et refusaient de soigner les soldats français. J'adressai au *Journal de Genève* la lettre
suivante :

« Genève, 10 février 1871.

« Monsieur le rédacteur en chef du *Journal de*
« *Genève*,

« Vous avez publié, depuis quelques jours, plusieurs
« articles au sujet des soldats français malades ou
« blessés internés en Suisse. Vous reprochez aux am-
« bulances internationales de s'être soustraites à leurs
« devoirs en se cachant on ne sait où, d'avoir refusé
« leur concours et laissé aux médecins suisses une
« besogne écrasante.

« Je n'ai pas mission de défendre les ambulances
« internationales ; mais, permettez-moi de vous dire
« que vous avez été inexactement renseigné. L'ambu-
« lance de Saint-Etienne que j'ai l'honneur de diriger
« arrivait de Clerval à Bâle dimanche soir 7 ; le lundi
« matin j'allais trouver le président du conseil de
« l'Internationale pour lui offrir nos services, s'il en
« était besoin. Il me répondit que c'était à Berne ou à
« Neufchâtel qu'il fallait porter nos offres. Immédiate-
« ment, c'est-à-dire par le train de 10 heures et demie,
« j'envoyai à Berne et à Neufchâtel.

« La personne qui était à Neufchâtel se présenta au
« général Clinchamp qui la fit accompagner par son
« aide-de-camp chez le général Herzog, lequel déclara

« qu'il y avait beaucoup à faire, mais que la Suisse
« ferait seule (1).

« En passant à Lauzanne nous apprîmes qu'il y
« avait un grand nombre de malades, nous nous som-
« mes mis à la disposition des autorités militaires.

« Enfin, Monsieur, nous sommes à Genève atten-
« dant notre matériel qui n'arrivera que dimanche.
« Nous serons toujours heureux de saisir l'occasion
« de témoigner, par notre empressement à seconder
« nos confrères suisses, notre reconnaissance profonde
« pour l'accueil si sympathique et si touchant que fait
« votre pays à nos malheureux soldats. Mais vous voyez
« que loin de refuser notre concours nous l'avons of-
« fert et vraisemblablement nos camarades ont fait
« comme nous.

« Agréez, etc. »

Tandis que nous étions en Suisse nous eûmes l'honneur de voir M. le marquis de Villeneuve; nous lui
exposâmes notre embarras sur la conduite que nous
avions à tenir. L'armée à laquelle nous étions attachés
n'existait plus; que faire? Il nous donna le conseil et
l'ordre de rentrer à Saint-Etienne pour nous y reposer
et nous ravitailler.

(1) Cette personne n'ayant pas trouvé le général Clinchamp à sa première visite laissa avec sa carte la note suivante :

« Arrivée hier soir à Bâle, venant de Clerval, l'ambulance mobile internationale de Saint-Etienne apprenant qu'un grand nombre de soldats
français étaient à Neufchâtel, n'a pas voulu poursuivre sa route sans
s'informer si ses services pouvaient leur être utiles. Ses provisions sont
complétement épuisées, son personnel est bien réduit par la maladie, il
n'y a plus que deux médecins, un pharmacien, sept aides. Mais les provisions seront vite renouvelées et la bonne volonté est grande chez ceux
qui restent. Elle se met à la disposition de l'armée. »

Tel est le récit succinct de la campagne que nous avons faite ; je le ferai suivre de quelques réflexions qui ne seront pas inutiles, je pense, et qui mettront en relief certains points sur lesquels j'ai glissé très-rapidement pour ne pas interrompre l'enchaînement des faits.

Expérience faite, l'organisation du personnel de notre ambulance me paraît bonne ; elle est suffisamment nombreuse pour faire, comme à Clerval, un service très-important ; plus nombreuse elle eut été moins mobile, elle eut éprouvé surtout dans les petits endroits de grandes difficultés pour se loger, pour se nourrir ; elle eut été enfin plus difficile à manier. Une ambulance est composée en général de fort braves gens qui s'engagent volontairement et gratuitement à subir les privations, les fatigues et même les dangers de la guerre ayant en vue et pour but le soulagement des soldats. Mais ces braves gens sont d'éducation et de mœurs différentes ; ils sont hommes surtout et ont les faiblesses humaines, et il n'est déjà pas toujours aisé de maintenir la bonne harmonie pendant quelques mois parmi trente hommes qui vivent ensemble. Que serait-ce pour un plus grand nombre ? Nous étions trente-deux ; nous mangions tous ensemble et autant que possible à la même table ; c'est pour le chef de l'ambulance un moyen d'action et de contrôle excellent. J'ajouterai que c'est une bonne manière pour arriver à maintenir l'union, pour calmer les amours-propres prompts à s'irriter, pour indiquer doucement à tel ou tel en quoi et comment il aurait pu mieux faire et enfin pour montrer à chacun que la surveillance s'exerce sur tout et sur tous.

Notre matériel était considérable. Notre comité nous avait pourvus avec générosité de tout ce qui semblait pouvoir nous être utile. Rien n'avait été épargné, et nous n'emportions qu'une faible partie des ressources qui nous étaient réservées. J'ai vu des ambulances très-belles, très-remarquables à tous les points de vue ; aucune ne m'a paru supérieure à la nôtre au point de vue du matériel. On peut voir aux notes à consulter le nombre de ceintures, de gilets de flanelle, de couvertures, de chaussettes, etc., qui ont été distribués aux malades ; mais on n'y verra pas noté tout l'argent qui a été dépensé en achats de denrées de toutes sortes destinées aux soldats : tabac, vin, bouillon, paille, etc. J'avais non-seulement carte blanche au sujet de ces dépenses, mais il m'était recommandé de faire largement les choses ; l'argent, m'avait-on dit, ne pouvait être employé à un plus noble usage. A coup sûr, si nous n'avons pas bien fait, les moyens de bien faire ne nous ont pas manqué.

Nos voitures étaient lourdes, difficiles à transporter sur des routes montueuses et encombrées de neige. On nous avait donné de gros omnibus que nous avions fait disposer d'une certaine manière ; nous les avions acceptés tels qu'ils étaient, mais si nous étions appelés aujourd'hui à renouveler le matériel de l'ambulance, nous ferions construire des voitures beaucoup plus légères. Il n'est d'ailleurs pas nécessaire de traîner avec soi de grosses provisions ; on peut en général les renouveler facilement, surtout lorsque le comité veille avec une constante sollicitude à la marche de l'ambulance pour lui envoyer sur les lieux, où elle doit passer, des moyens de ravitaillement. Ce qui nous est arrivé à Clerval est exceptionnel ; et enfin dans les pays traversés par les armées, il n'est pas aisé de trouver de quoi nourrir douze chevaux.

Autre réforme ! Il faudrait deux palfreniers salariés, desquels on pût exiger le service nécessaire. Des hommes de bonne volonté peuvent s'en charger pendant quelque temps, mais pendant quelque temps seulement ; à la longue c'est une charge trop rude pour ceux qui n'y sont pas habitués de longue date. Nous n'avions admis que des volontaires offrant un concours gratuit. Il me semble qu'il y a lieu de faire une exception à ce sujet.

Au moment où nous organisions notre ambulance, nous avions surtout en vue de nous pourvoir de tout ce qui est nécessaire pour aller relever les blessés sur le champ de bataille. L'expérience nous l'a appris : ce rôle n'est pas le nôtre. Nous cheminons derrière l'armée (et on ne nous permet pas de cheminer autrement). Quand elle se bat, nous devons être assez loin d'elle pour ne pas gêner ses mouvements ; et puis le champ de bataille se déplace et pour rendre tous les services dont nous sommes capables, nous devons être à proximité, soit ; mais nous devons être surtout installés de manière à pouvoir recevoir un grand nombre de blessés et assez commodément pour être à même de faire les opérations nécessaires, les premiers pansements, etc.; il nous faut, par conséquent, avoir sous la main nos provisions, notre matériel et tout cela ne peut être déballé et remballé à tout moment et suivre les mouvements d'un corps d'armée qui manœuvre. Nous avons une organisation (personnel et matériel) qui nous permet de créer des espèces d'hôpitaux et de les faire fonctionner. C'est là le but à poursuivre. Ce n'est rien d'avoir pansé ou opéré certains blessés, si on ne peut leur donner ni nourriture ni abri. D'autre part, supposons un corps de 25 à 30,000 hommes pourvu de trois ambulances internationales (1) pouvant recueillir chacune trois cents ou trois cent cinquante blessés, le soir ou le lendemain d'une bataille, le service médical est assuré ; car, la proportion des hommes très-gravement atteints (2), même dans les affaires les plus meurtrières, ne dépasse guère le vingtième de l'effectif. Mais, je le répète, c'est à une certaine distance du lieu de l'action que l'on peut faire des établissements comme ceux dont je parle.

Ce n'est pas à dire pour cela que les ambulances fuiront les champs de bataille ; au contraire, elles en seront aussi près que possible, à la condition expresse, toutefois, d'avoir une installation qui leur permette de fonctionner régulièrement. Elles ne doivent pas, à mon avis, braver inutilement le danger ; elles ne doivent pas le fuir quand il est utile de le braver.

Lorsque les premiers obus tombaient à Clerval, je disais à mes collaborateurs : « Messieurs, nous devons « rester ici et nous y resterons ; mais pas de fanfa- « ronnade. La vraie manière d'être braves pour nous,

---

(1) Le 18e corps passait pour être de la force que j'indique. Trois ambulances internationales y étaient attachées. Une de Paris, dirigée par le docteur Tillot ; une de Dijon, dirigée par le docteur Dugast et la nôtre.

(2) Je ne parle pas des morts ni des blessés qui peuvent marcher.

« c'est de nous livrer à nos occupations comme si
« de rien n'était. »

Ce qui nous a donné le plus de soucis et d'embarras
dans le cours de la campagne que nous avons faite,
c'est la partie extra-médicale concernant les malades et
les blessés. Nous pensions faire acte de médecins pu-
rement et simplement ; il nous a fallu nous occuper
des détails du logement et de la nourriture des malades, et ce n'est pas peu de chose ; je plains les chefs
d'ambulance qui n'ont pas pour les seconder un secrétaire actif, intelligent, infatigable, qui sache trouver
et se procurer, envers et contre tous quelquefois, les
denrées nécessaires. MM. les intendants militaires ne
se refusent généralement pas à contre-signer les bons
de réquisitions que nous faisons pour les malades
qui nous sont confiés ; mais quand les bons sont en
règle, tout n'est pas terminé : il faut trouver des
fournisseurs de bonne volonté. Assurément je m'at-
tendais, en partant, à avoir des difficultés à surmon-
ter ; je craignais, par exemple, que nous fussions
encombrés de blessés à un moment donné, au point
d'être débordés et de ne plus savoir où donner de la tête.
Certes, nous avons eu beaucoup à faire, beaucoup à
opérer, dans certains cas ; mais, de ce côté, nous avons
toujours suffi à notre tâche, et nos vrais soucis nous
sont venus de la difficulté de nourrir nos malades.
Un jour nous nous sommes trouvés, avec trois cent
cinquante malades, sans pain ni vin ni café ni sucre.
Heureusement cette situation n'a pas duré.

Quoi qu'il en soit, je crois que les ambulances feront
bien d'entrer dans cette voie d'hospitalisation, si je

puis m'exprimer ainsi. On nous confie des blessés des malades absolument; une fois qu'ils sont entre nos mains, l'administration de l'intendance ne s'en occupe plus; elle compte sur nous. La tâche est souvent rude, mais on rend de réels services.

Je dois dire un mot de nos rapports avec les Prussiens. Ils ont été ce qu'ils devaient être ; nous n'avosn pas à nous en plaindre. Ils ont tiré sur nous, mais évidemment par mégarde et sans nous reconnaître. Les médecins qui sont venus visiter les blessés prussiens que nous soignions ont été courtois. Le général commandant les forces allemandes, quand nous quittâmes Clerval, nous traça un itinéraire, de manière à nous diriger vers la Suisse par le plus court chemin. Le plus court était pour nous le plus mauvais; nous obtînmes sans difficulté un changement de direction, et même on nous donna une réquisition sur le chemin de fer, qui dût nous transporter de Dannemarie à Bâle gratuitement nous et nos bagages. On doit la vérité à tous, même à ses ennemis.

Nous avons rencontré des officiers français qui ne craignaient pas de nous lancer des mots malsonnants. C'était certainement fâcheux, surtout quand ces mots tombaient dans les oreilles de nos jeunes gens, naturellement peu disposés à supporter des injures imméritées et non provoquées. J'attache, pour ma part, peu d'importance à ces taquineries. Les ambulances ont fait leurs preuves.

Quand on connaîtra bien les services qu'elles ont déjà rendus, elles seront honorées et respectées.

Ce qui a provoqué ces démonstrations regrettables,

c'est la présence, dans les ambulances, d'un certain nombre de jeunes gens en âge et en état de porter les armes. Il est certain que si elles n'étaient composées que de volontaires n'étant pas astreints par la loi au service militaire, elles seraient entourées de plus de respect et d'autorité. D'autre part, si l'on considère le bien du service, il faut reconnaître que les jeunes gens sont indispensables. Actifs, alertes, supportant gaiement les mauvais gîtes et les mauvais repas, pleins d'enthousiasme, de dévouement, souples à tous les ordres et à toutes les consignes, ayant enfin les qualités de leur âge, et puis, en définitive, se rendant compte qu'ils font un service obligatoire. Pour moi, qui ait tant eu à me louer du personnel de l'ambulance de Saint-Etienne, je n'y voudrais rien changer. Sur trente-deux membres, il y avait dix volontaires, ne devant aucun service militaire actif. Il faut l'avouer, les circonstances ont été bien cruelles, pour nous comme pour l'armée ; l'insuccès constant abat les courages ; et puis nous n'étions pas aidés par les habitants qui, dans la crainte de l'invasion, cachaient leurs provisions... Quelle différence, si nos armées avaient eu des succès, et combien notre tâche eût été plus facile !...

C'est dans ces tristes conditions que les ambulances internationales ont fait leur début ; je pense qu'on dira qu'elles ont fait leur devoir.

Il ne m'appartient pas de dire dans quelle mesure notre ambulance a été utile ; mais ce que je peux affirmer, c'est que, dans toutes les circonstances, nous nous sommes ingéniés à bien faire. Constamment nous avons cherché de quel côté et de quelle manière notre concours pouvait être le plus efficace, et si nous n'avons pas toujours réussi à faire pour le mieux, du moins la bonne volonté ne nous a pas manqué.

D'A. RIEMBAULT.

Saint-Etienne, 4 mars 1871.

www.ingramcontent.com/pod-product-compliance
Lightning Source LLC
Chambersburg PA
CBHW070910280326
41934CB00008B/1667